Género Fantasía

I0799956

Pregunta esencial
¿Cómo medimos el tiempo?

Tío Zorrino

Lily Ryan
ilustrado por Dan McGeehan

Capítulo 1 Hora de ir a clase

—¡Hurra! ¡Hoy viene tío Zorrino! —dice Zorritín—. Su tren llega a las 4:45.

—Es verdad, hijo —dice papá Zorrino—. Pero antes hay que ir a la escuela. ¡Ya es tarde, vamos, vete! ¡Ya son las 7:00!

Zorritín mira el reloj y ve que son las 2:30.

Ya casi, casi termina el día de escuela.

"Pronto llegará el ferrocarril", piensa Zorritín. "¡Tío Zorrino viene en camino!".

Capítulo 2 Hora de merendar

Suena la campana, *tan, talán, talán*. Son las 3:00.

Zorritín ya sale de la escuela.

—Hoy fue un día muy largo —le dice a su papá.

—Debes tener hambre —dice papá a Zorritín—. Vamos a merendar cerca del ferrocarril.

Zorritín ya no quiere esperar más. ¡Quiere ver a tío Zorrino ya!

—Paga, papá. ¡Se nos hace tarde!

—Todavía hay tiempo, Zorritín. Cuando termines la leche, iremos a la estación.

Capítulo 3 Ya es la hora

—¿Qué hora es, Rafa, por favor?

—Son las 4:00 de la tarde, señor.

—¡Ya es hora de irnos! —dice Zorritín—. ¡Pronto llegará el tío! ¡Esta vez hay que correr!

—Calma, Zorritín, ya te lo he dicho. Estamos muy cerca del ferrocarril.

Zorritín salta y corre como un tornado.
Y empieza a cantar una canción:

Ya viene tío Zorrino, mi tío divino.

El tren ya se acerca al final del camino.

Capítulo 4 Pasa el tiempo

—Si miras el reloj, verás cómo pasa el tiempo —dice papá Zorrino.

—Pero, papá... Si miro el reloj, el tiempo pasa más lento. ¿Cómo se hace para que pase más rápido?

Zorritín mira las vías. Las mira y las mira. Zorritín espera y espera.

—¿Dónde estará tío Zorrino? ¿Es un tren eso que veo a lo lejos?

Capítulo 5 Tío Zorrino

—¡Hurra, tío! ¡Ya estás aquí! —dice Zorritín, sin parar de saltar.

—¡Hola, Zorritín! Tenía muchas ganas de verte —dice tío Zorrino—. Toma esto, Zorritín. Es un regalo para ti.

—¡Es un reloj! Son las 4:46 —dice Zorritín—. Gracias, tío Zorrino. ¡Después podemos ir a pasear!

Respuesta a la lectura

Volver a contar

Vuelve a contar *Tío Zorrino* con tus propias palabras.

Primero

↓

Después

↓

Al final

Evidencia en el texto

1. ¿Cómo comienza el cuento? **Personaje, ambiente, trama**
2. ¿Qué ocurre después de que tío Zorrino le da el regalo a Zorritín? **Personaje, ambiente, trama**
3. ¿Cómo sabes que *Tío Zorrino* es un cuento de fantasía? **Género**

Género **No ficción**

Compara los textos

Lee acerca de distintos relojes.

¡Relojes para todos!

¿Qué usamos para saber la hora? ¡Mira a tu alrededor! Hay relojes en las paredes y relojes en las torres. ¡Hay relojes hasta en los letreros!

Algunos relojes tienen manecillas y números. Otros solo tienen números, pero también dicen la hora y los minutos. ¡Algunos hasta te dicen los segundos!

Hay relojes pequeños y relojes grandes. Hay relojes antiguos y relojes modernos.

¡Hay relojes de todo tipo!

Un reloj de bolsillo es un reloj pequeño que puedes llevar contigo.

Haz conexiones

Mira ambos textos. ¿Para qué nos sirve saber la hora?

El texto y otros textos

Enfoque:

Elementos literarios

Diálogo El diálogo indica que los personajes hablan.

Lee y descubre Los diálogos comienzan con la raya de diálogo:

—¡Ya es hora de irnos! —dice Zorritín.

Tu turno

Trabaja con un compañero. Inventen un cuento corto con diálogos para dos personajes. Representen el cuento frente a la clase. Muestren cómo escribieron el diálogo.